Liebe Schülerin, lieber Schüler,

wenn du dieses Heft durchgearbeitet hast, kennst du dich auf der Erde besser aus. Dann weißt du, wie Kontinente, Länder, Meere, Flüsse, Gebirge, Landschaften und Städte heißen und wo sie liegen. Jedes Thema kannst du unabhängig von den anderen Themen bearbeiten. Du brauchst außer einem Atlas auch keine weiteren Bücher zur Lösung der Aufgaben.

In dieses Heft kannst du hineinschreiben. Schreibe deine Antworten mit Bleistift. So kannst du Fehler leicht verbessern. Du kannst die Karten mit Buntstiften (nicht mit Filzstiften) farbig gestalten.

Auf jeden Strich und in jedes Kästchen kommt nur **ein** Buchstabe (z.B. R h e i n); ä, ö, ü und ß gelten als jeweils **ein** Buchstabe (z.B. M ü n c h e n , S t r a ß b u r g). Die Zahl der Striche und Kästchen entspricht immer der Buchstabenzahl des gesuchten Wortes. Das ist eine Lösungshilfe für dich.

Bei vielen Aufgaben ergibt sich ein Lösungswort oder ein Lösungssatz. So kannst du feststellen, ob deine Ergebnisse richtig sind.

Damit du deinen Lernerfolg prüfen kannst, gibt es die Testseiten „Prüfe dein Wissen". Vor dem Test mußt du allerdings die Aufgaben auf den vorhergehenden Seiten gelöst haben. Wenn du z.B. den Test zu Deutschland (S.16/17) durchführen willst, mußt du vorher die Aufgaben der Seiten 2-15 zum Thema Deutschland bearbeitet haben.

Dieses Heft vermittelt dir Grundwissen. Die Aufgaben in den beiden weiteren Heften bauen auf diesen Kenntnissen auf.

Inhaltsverzeichnis

D1666320

Die Länder der Bundesrepublik Deutschland

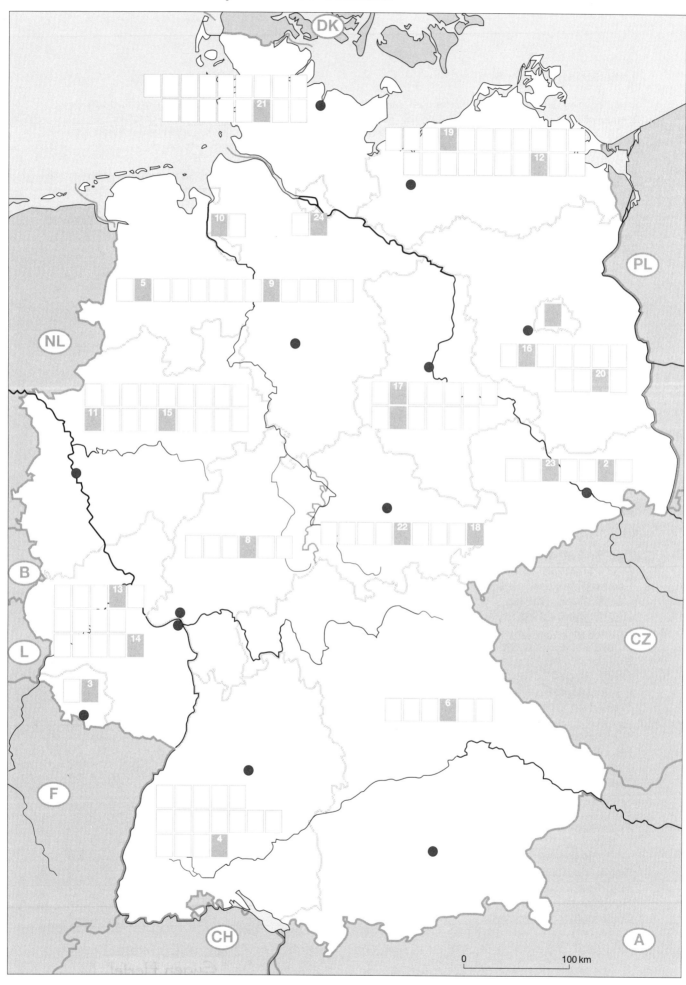

Trage die Namen (oder die Abkürzungen) der Länder in Großbuchstaben in die Karte ein. Färbe dein Land rot ein.

Nördliche Länder:	Schleswig-Holstein, Mecklenburg-Vorpommern, Niedersachsen, Bremen (HB), Hamburg (HH);
Westliche Länder:	Nordrhein-Westfalen, Rheinland-Pfalz, Saarland (SL);
Südliche Länder:	Baden-Württemberg, Bayern;
Östliche Länder:	Sachsen, Brandenburg, Berlin (B);
Länder in der Mitte Deutschlands:	Hessen, Thüringen, Sachsen-Anhalt;

Trage die gekennzeichneten Buchstaben in die Kästchen ein. Die Lösungswörter nennen Nachbarstaaten Deutschlands.

1 2 3 4 5 6 7   8 9 10 11 12 13 14   15 16 17 18 19 20 21 22 23 24

Kennst du die Landeshauptstädte?

Hauptstadt an der Saar

Landes- und Bundeshauptstadt

Hauptstadt am Niederrhein

Hauptstadt an der Mittelelbe

Hauptstadt an der Unterelbe

Hauptstadt am Neckar

Das Lösungswort nennt die Hauptstadt von

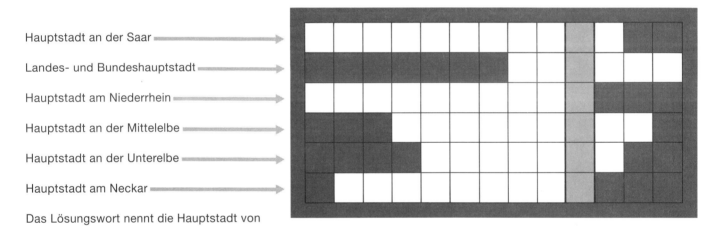

_ _ _ _ _ _ _ _ _ _

Hauptstadt an der Havel

Hauptstadt an der Isar

Hauptstadt am Mittellandkanal

Hauptstadt auf der rechten Rheinseite

Hauptstadt an der Oberelbe

Hauptstadt an der Weser

Nördlichste Hauptstadt

Hauptstadt auf der linken Rheinseite

Das Lösungswort nennt die Hauptstadt von

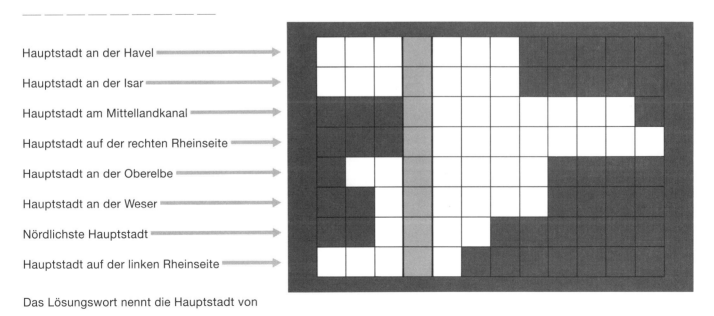

_ _ _ _ _ _ _ _ - _ _ _ _ _ _ _ _ _ _

Deutschland im Überblick

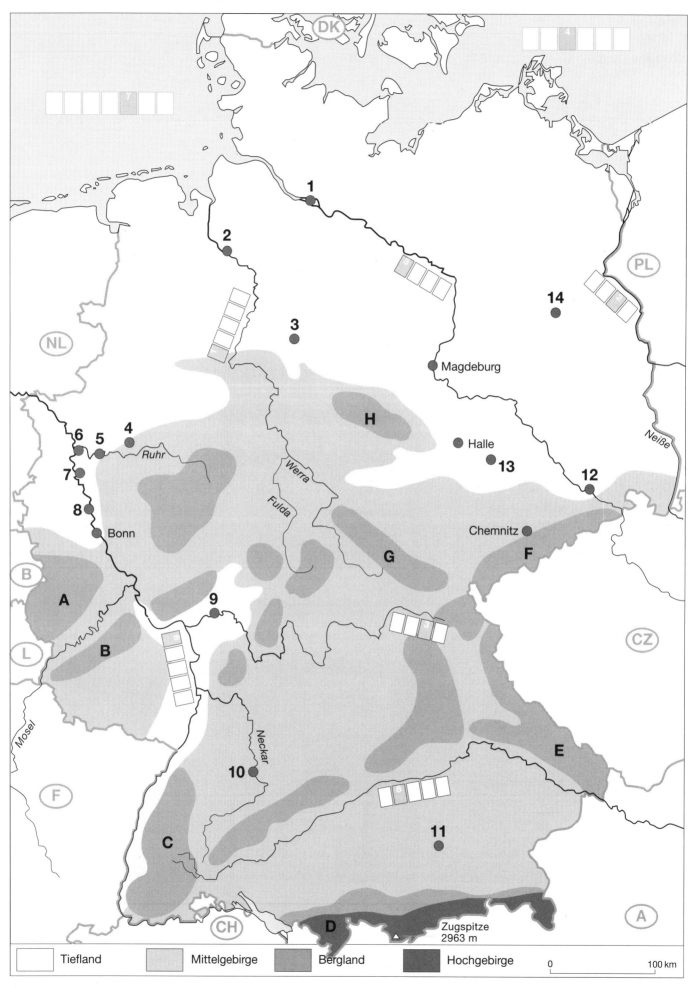

Tiefland Mittelgebirge Bergland Hochgebirge

0 100 km

Trage in die Karte ein: N o r d s e e , O s t s e e , D o n a u , E l b e , M a i n , O d e r , R h e i n , W e s e r .

Trage die gekennzeichneten Buchstaben in die Kästchen ein.

Das Lösungswort gibt dir einen Tip.  !

Gebirge

A = __ [6] __ __ __ __ ,   E = __ __ __ __ __ __ __ [4] __ __ __ __ __ - __ __ __

B = __ [2] __ __ __ __ __ __ ,   F = __ __ __ __ [3] __ __ __ __ __

C = __ __ __ __ __ __ __ [1] __ __ __ ,   G = __ __ [7] __ __ __ __ __ __ [9] __ __   __ __ __

D = __ __ __ [5] __ __ ,   H = __ __ __ [8] __

Das Lösungswort nennt den höchsten Berg Deutschlands.

Er ist _____ m hoch.   [1][2][3][4][5][6][7][8][9]

Städte (über 500 000 Einwohner)

1 = __ [2] __ __ __ __ __ __   8 = __ __ __ [13]

2 = __ __ __ [1] __ __ __ __ __   9 = __ __ __ __ __ __ __ [17] __ / Main

3 = __ [5] __ __ __ __ __ __ __   10 = __ __ [16] __ __ [11] __ __ __

4 = __ __ __ __ __ [3] __ __ __   11 = [8] __ __ __ __ __ __

5 = __ [6] __ __ __ [4] __ __   12 = __ __ __ [10] __ __ __

6 = __ __ [7] __ __ __ __ __   13 = __ __ [12] __ __ __ __ __ [18] __ __

7 = __ __ __ [14] __ __ __ [9] __ __   14 = [15] __ __ __ __ __

Die Lösungswörter nennen zwei Städte, die an Flußmündungen liegen.

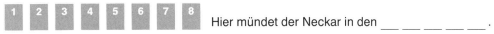 Hier mündet der Neckar in den __ __ __ __ __ .

[9][10][11][12][13][14][15][16][17][18] Hier fließen Naab und Regen in die __ __ __ __ __ .

Flüsse

In die Nordsee münden: R __ [2] [1] __   W __ [10] __ __   E __ [3] __ __ __

Die Oder mündet in die O __ [12] __ __ __ ,   die Donau in das S __ __ __ __ __ __ [13] __   M [5] __ .

Nebenflüsse des Rheins sind M __ __ __ [7] __ ,   M __ __ [11] __   und R [9] __ __ .

Quellflüsse der Weser sind: F __ __ __ [4] __ und W __ [6] __ [8] __

Das Lösungswort nennt eine deutsche Landschaft.   [1][2][3][4][5][6][7][8][9][10][11][12][13]

Landschaften in Deutschland

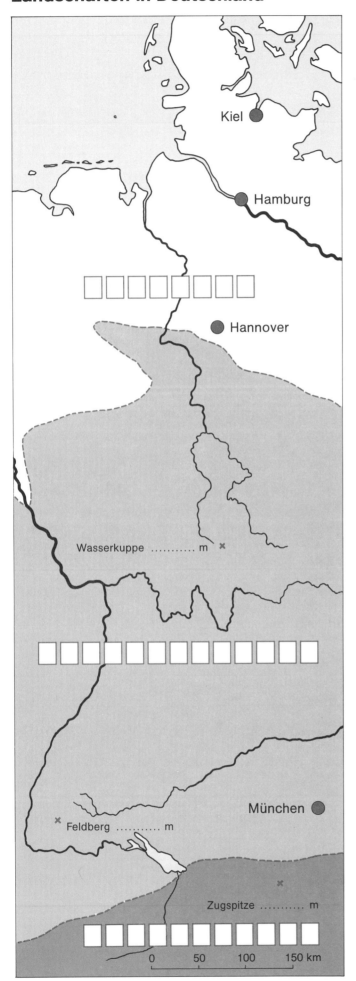

Kiel

Hamburg

☐☐☐☐☐☐☐☐

● Hannover

Wasserkuppe .... m ✗

☐☐☐☐☐☐☐☐☐☐☐☐☐☐☐☐

✗ Feldberg .... m

München ●

Zugspitze .... m

☐☐☐☐☐☐☐☐☐☐

0   50   100   150 km

Martina und Michael wollen in den großen Ferien mit dem Fahrrad von Kiel bis zur Zugspitze, dem höchsten Berg Deutschlands, fahren. Bis Hannover läuft es ganz gut; nur ab und zu hügelige Strecken, meist aber eben, so daß sie nur selten ihr Fahrrad schieben müssen.

Südlich von Hannover wird das Fahren immer mühsamer. Häufig müssen die beiden absteigen und lange Strecken bergauf schieben. Dafür ist das Landschaftsbild abwechslungsreicher geworden. Der Ausblick über waldreiche Höhenzüge und die erholsamen Abfahrten entschädigen für die Mühen.

Kurz vor ihrem Ziel werden die Berge so hoch, steil und schroff, daß Martina und Michael die Fahrräder stehen lassen müssen. Eine Fahrt mit der Bergbahn auf die Zugspitze ist der krönende Abschluß ihrer Tour.

Aus ihrer Fahrt haben die beiden die drei großen Naturräume Deutschlands „erfahren": das Tiefland, das Mittelgebirge und das Hochgebirge. Ordne diese Bezeichnungen den Fotos und der Karte richtig zu und trage sie ein. Trage auch die Höhen der angegebenen Berge ein (Atlaskarte).

Deutschland: Norden

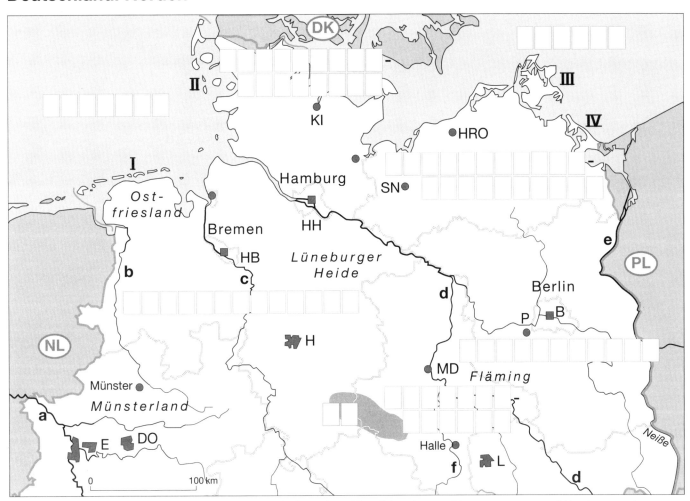

Suche im Atlas die Bundesländer S c h l e s w i g - H o l s t e i n, M e c k l e n b u r g - V o r p o m m e r n, N i e d e r s a c h s e n, B r a n d e n b u r g und S a c h s e n - A n h a l t und trage sie in die Kästchen ein.
Trage die Namen der Meere ein. Trage für das Mittelgebirge Harz die Abkürzung H A ein.

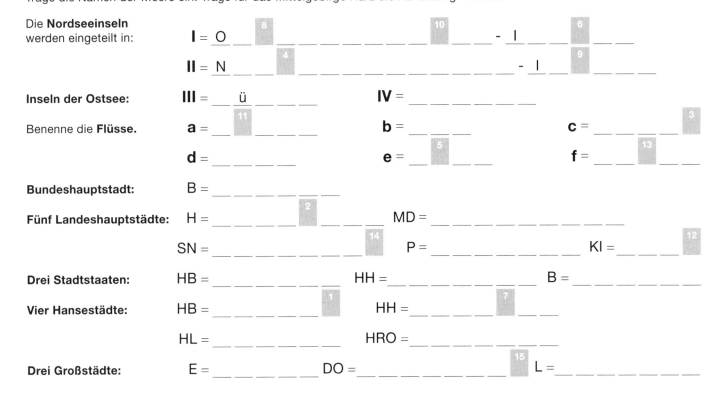

Deutschland: Mitte

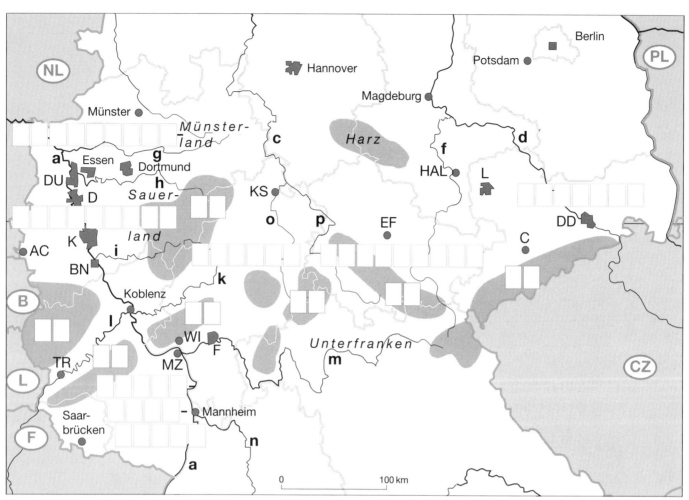

Trage die folgenden Mittelgebirge mit den angegebenen Abkürzungen ein: Eifel (EI), Taunus (TA), Rothaargebirge (RG), Hunsrück (HU), Rhön (RÖ), Thüringer Wald (TW), Erzgebirge (EZ). Benenne die Flüsse und ihre Nebenflüsse.
Trage die Bundesländer Nordrhein-Westfalen, Hessen, Thüringen, Sachsen und Rheinland-Pfalz ein.

a = _ _ _ [10] _ _ _   g = _ _ [2] _ _   h = _ _ _ _ _ _   i = _ _ _ _ [7] _ _

k = _ _ _ _ _   l = _ _ _ [6] _   m = _ _ _ _ _ _   n = _ [5] _ _ _ _

c = _ [8] _ _   o = _ _ _ _   p = _ _ _ [11] _ _

d = _ _ _ _   f = _ _ _ _ _

Schreibe zu den Autokennzeichen die entsprechenden Städtenamen.

DU = _ _ _ _ _ _ _ [12] _   AC= _ _ _ _ _ _ _ _ _   HAL = _ _ _ _ _ _

D = _ _ _ _ _ _ [13] _ _   L = _ _ _ _ _ _ _

K = _ _ _ _ _   KS = _ _ _ _ _ _   DD = _ _ _ _ _ _ _

BN = _ _ _ _   EF = _ _ _ _ _ _ [3] _   C = _ _ _ _ _ _ _ _

MZ = [1] _ _ _ _   TR = _ _ _ _ _   F = _ _ _ _ _ _ _ _ _ [4] / Main

WI = _ _ _ _ _ [9] _ _ _

Unter den Städten befinden sich fünf Landeshauptstädte. Unterstreiche sie rot.

Lösungswort: [1] [2] [3] [4] [5] [6] [7] [8] [9] [10] [11] [12] [13]

Deutschland: Süden

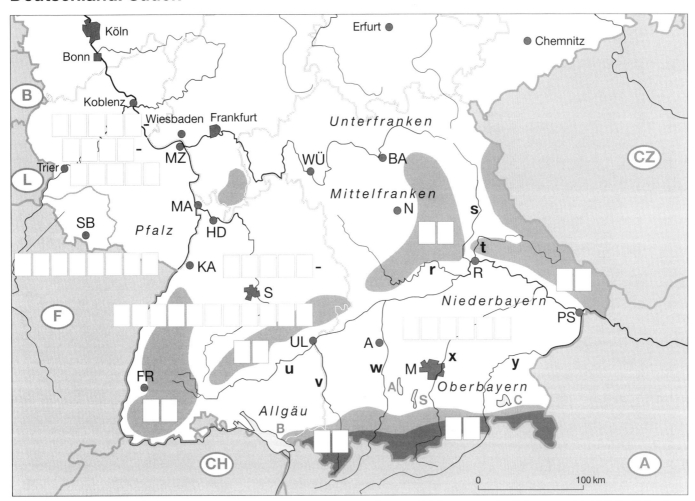

Trage die folgenden Mittelgebirge und Hochgebirge mit den angegebenen Abkürzungen ein: Schwarzwald (S W), Schwä-bische Alb (S A), Fränkische Alb (F A), Bayerischer Wald (B W), Allgäuer Alpen (A A), Bayerische Alpen (B A).
Benenne die Flüsse. Trage die Bundesländer R h e i n l a n d - P f a l z, S a a r l a n d, B a d e n - W ü r t t e m b e r g und B a y e r n ein.

u = ⸀⁴ _ _ _ _ _ _   r = A _ _ ⸀⁷ _ _ _ _   s = N _ _ ⸀¹² _   t = R _ _ _ _ _ ⸀¹³

v = I _ _ ⸀⁵ _   w = L _ _ ⸀⁹ _ _ _   x = I ⸀⁸ _ _   y = I _ _ _ _

Schreibe zu den Autokennzeichen die entsprechenden Städtenamen.

SB = _ _ _ _ _ _ _ _ _ _ _ _   WÜ = _ _ ⸀² _ _ _ _ _ _ _

HD = _ _ _ _ ⸀³ _ _ _ _ _   BA = _ _ _ _ _ _ _

MA = _ _ _ _ _ _ _   N = _ _ _ _ _ _ _ _

KA = _ _ _ _ _ _ _ _   PS = _ _ _ _ _ _   R = _ _ _ _ _ _ _ _ _ _ _

S = ⸀¹ _ _ _ _ _ _ _ _   MZ = _ _ _ _ _   A = _ _ _ _ _ _ _

FR = _ _ _ _ _ _ ⸀⁶ _ _   UL = _ ⸀¹¹ _   M = _ _ _ _ _ _ _ ⸀¹⁰ _

Nördlich der Alpen liegen vier vielbesuchte Seen. In der Karte findest du sie mit den Buchstaben **B**, **A**, **S** und **C** gekenn-zeichnet. Wie heißen die Seen?

B = _ ⸀¹⁴ _ _ _ _ _ _   A = _ _ _ _ _ _ _   C = _ _ _ _ _ _ _ _

S = _ _ _ _ _ _ _ _ _ _ _ _ _ _ _

Lösungswort: [1] [2] [3] [4] [5] [6] [7] [8] [9] [10] [11] [12] [13] [14]

Flüsse in Deutschland

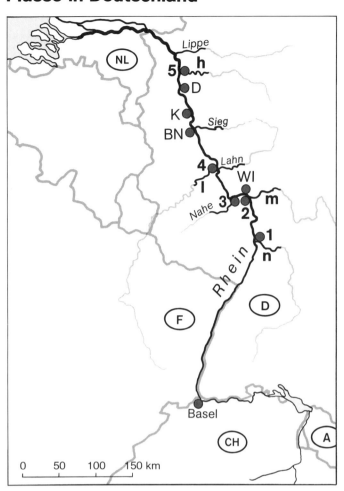

1. Nenne die Städte am Rhein, die an der Mündung eines Nebenflusses liegen.

Stadt		Nebenfluß	
1 = _ _ _ _ _ _ _ _ _		**n** = _ _ _ _ _ _
2 = _ _ _ _ _		**m** = _ _ _ _
3 = B _ _ _ _ _ _		N _ _ _
4 = _ _ _ _ _ _ _		**l** = _ _ _ _ _
5 = _ _ _ _ _ _ _ _		**h** = _ _ _ _

2. Der Rhein wird in Abschnitte eingeteilt.

Alpenrhein:	von den Quellen bis zum Bodensee	rot
Hochrhein:	vom Bodensee bis Basel	braun
Oberrhein:	von Basel bis Bingen	gelb
Mittelrhein:	von Bingen bis Bonn	grün
Niederrhein:	von Bonn bis zur niederländischen Grenze	blau

Male die Kästchen und die entsprechenden Flußabschnitte mit der jeweils angegebenen Farbe an.

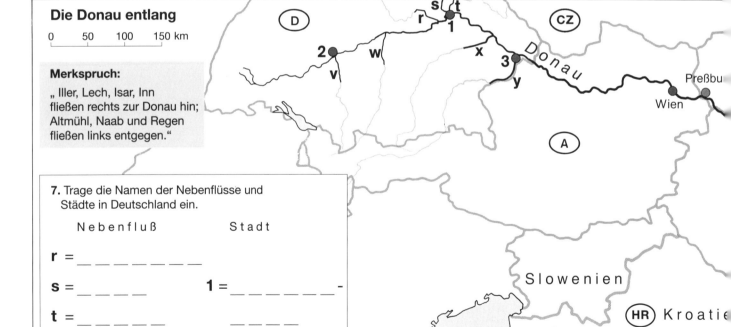

Die Donau entlang

0   50   100   150 km

Merkspruch:

„ Iller, Lech, Isar, Inn
fließen rechts zur Donau hin;
Altmühl, Naab und Regen
fließen links entgegen."

7. Trage die Namen der Nebenflüsse und Städte in Deutschland ein.

Nebenfluß	Stadt
r = _ _ _ _ _ _ _	
s = _ _ _ _ _	**1** = _ _ _ _ _ _ _ -
t = _ _ _ _ _	_ _ _ _
v = _ _ _ _ _	**2** = _ _ _
w = _ _ _ _	
x = _ _ _ _	
y = _ _ _	**3** = _ _ _ _ _ _

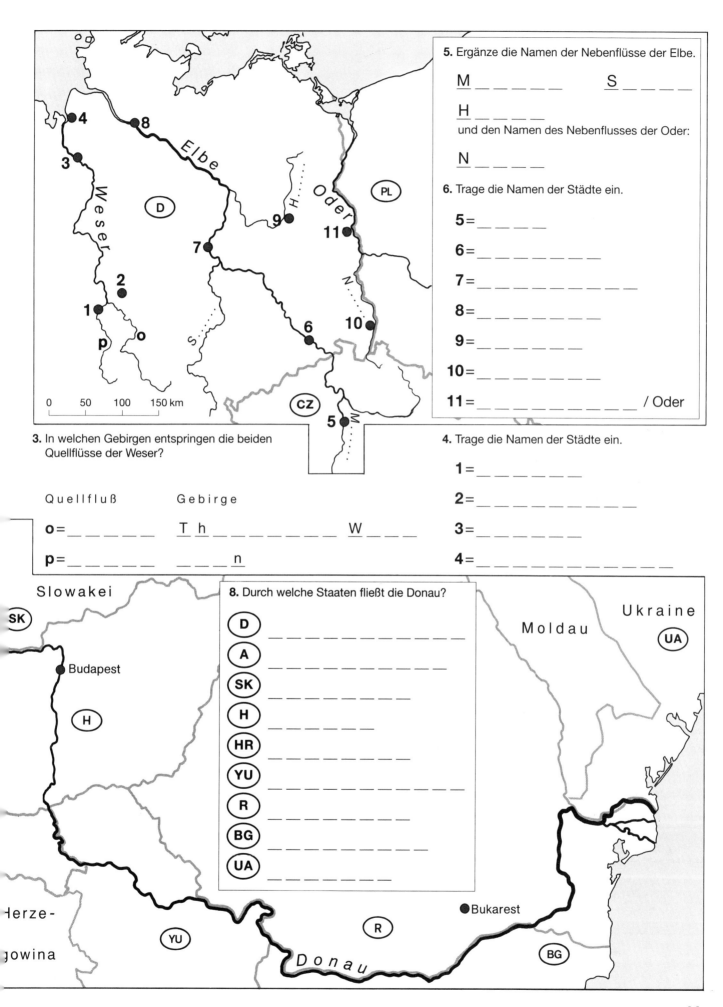

5. Ergänze die Namen der Nebenflüsse der Elbe.

M _ _ _ _ _ _ _   S _ _ _ _

H _ _ _ _ _

und den Namen des Nebenflusses der Oder:

N _ _ _ _ _

6. Trage die Namen der Städte ein.

5 = _ _ _ _

6 = _ _ _ _ _ _

7 = _ _ _ _ _ _ _ _ _

8 = _ _ _ _ _ _

9 = _ _ _ _ _

10 = _ _ _ _ _ _

11 = _ _ _ _ _ _ _ _ / Oder

3. In welchen Gebirgen entspringen die beiden Quellflüsse der Weser?

4. Trage die Namen der Städte ein.

1 = _ _ _ _ _ _

2 = _ _ _ _ _ _ _ _

3 = _ _ _ _ _

4 = _ _ _ _ _ _ _ _ _

Quellfluß   Gebirge

o = _ _ _ _ _ _   T h _ _ _ _ _ _   W _ _ _

p = _ _ _ _ _ _   _ _ _ n

8. Durch welche Staaten fließt die Donau?

D _ _ _ _ _ _ _ _ _ _ _

A _ _ _ _ _ _ _ _ _ _

SK _ _ _ _ _ _ _ _

H _ _ _ _ _ _

HR _ _ _ _ _ _ _

YU _ _ _ _ _ _ _ _ _

R _ _ _ _ _ _ _

BG _ _ _ _ _ _ _

UA _ _ _ _ _

Schiffahrtswege in Deutschland

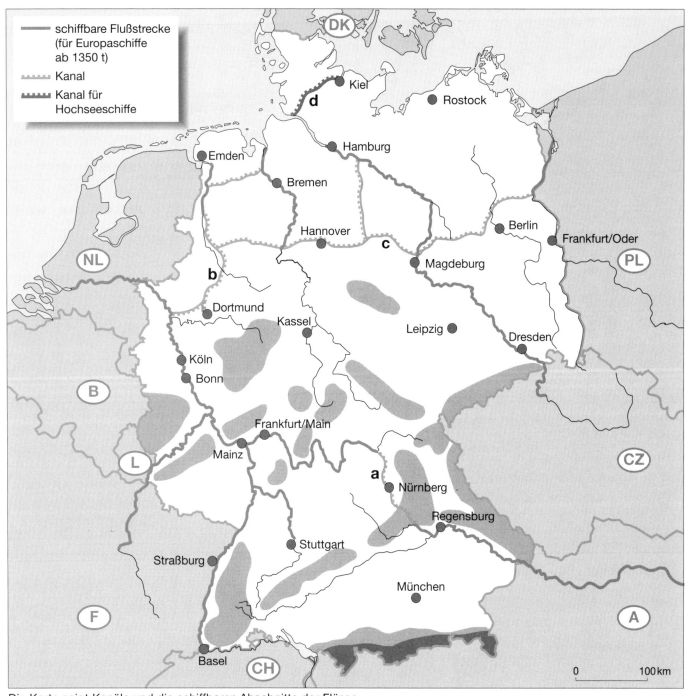

Die Karte zeigt Kanäle und die schiffbaren Abschnitte der Flüsse.

1. Nimm einen Atlas zu Hilfe und benenne die folgenden Kanäle:

a = Rhein-Main-Donau-Kanal

b = __ __ __ __ __ __ __ __ __ - __ __ __ - __ __ __ __

c = __ __ __ __ __ __ __ __ __ __ - __ __ __ __

d = __ __ __ __ - __ __ __ __ __ __ - __ __ __ __

2. Welche Schiffahrtswege
münden in die Nordsee?   __ __ __ __ __ __ __ __ __ __ __

3. Schiffahrtsweg zwischen Nordsee und Ostsee: __ __ __ __ __ __ __ - __ __ __ __ - __ __ __ __

4. Welche Schiffahrtswege benutzt du
auf der Fahrt von Basel nach Berlin?   __ __ __ __ __ __ __ __ __ __ - __ __ __ - __ __ __

__ __ __ __ __ __ __ - __ __ __ __ __ __ __ __   Lösungswort: __ __ __ __

5. Der Rhein-Main-Donau-Kanal stellt die Verbindung
zwischen zwei Meeren her. Wie heißen sie? (Atlas)   __ __ __ __ __ __   und   __ __ __ __ __ __

Entfernungen in Deutschland

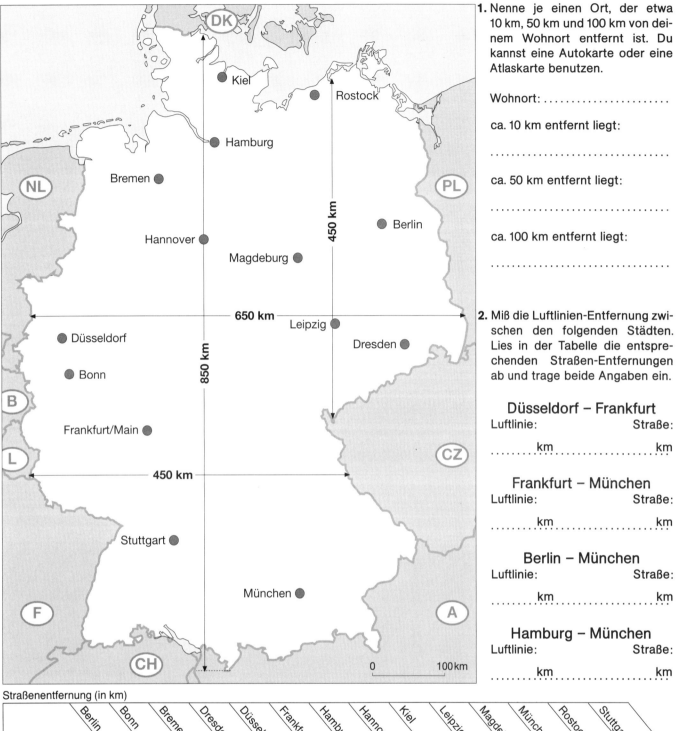

1. Nenne je einen Ort, der etwa 10 km, 50 km und 100 km von deinem Wohnort entfernt ist. Du kannst eine Autokarte oder eine Atlaskarte benutzen.

Wohnort:.......................

ca. 10 km entfernt liegt:

....

ca. 50 km entfernt liegt:

....

ca. 100 km entfernt liegt:

....

2. Miß die Luftlinien-Entfernung zwischen den folgenden Städten. Lies in der Tabelle die entsprechenden Straßen-Entfernungen ab und trage beide Angaben ein.

Düsseldorf – Frankfurt
Luftlinie: Straße:

..............km..............km

Frankfurt – München
Luftlinie: Straße:

..............km..............km

Berlin – München
Luftlinie: Straße:

..............km..............km

Hamburg – München
Luftlinie: Straße:

..............km..............km

Straßenentfernung (in km)

	Berlin	Bonn	Bremen	Dresden	Düsseldorf	Frankfurt/M.	Hamburg	Hannover	Kiel	Leipzig	Magdeburg	München	Rostock	Stuttgart
Berlin		598	377	205	572	555	289	282	370	179	147	584	219	624
Bonn	598		349	575	77	175	459	324	552	501	468	564	604	362
Bremen	377	349		470	317	466	119	125	212	362	251	753	297	671
Dresden	205	575	470		629	469	502	364	571	108	236	484	474	524
Düsseldorf	572	77	317	629		232	427	292	520	558	435	621	577	419
Frankfurt/M.	555	175	466	469	232		495	352	588	395	427	395	651	217
Hamburg	289	459	119	502	427	495		154	93	391	280	782	184	700
Hannover	282	324	125	364	292	352	154		247	256	145	639	338	557
Kiel	370	552	212	571	520	588	93	247		484	373	875	190	793
Leipzig	179	501	362	108	558	395	391	256	484		128	425	366	465
Magdeburg	147	468	251	236	435	427	280	145	373	128		523	289	563
München	584	564	753	484	621	395	782	639	875	425	523		761	220
Rostock	219	604	297	474	577	651	184	338	190	366	289	761		833
Stuttgart	624	362	671	524	419	217	700	557	793	465	563	220	833	

Deutschland-Rallye

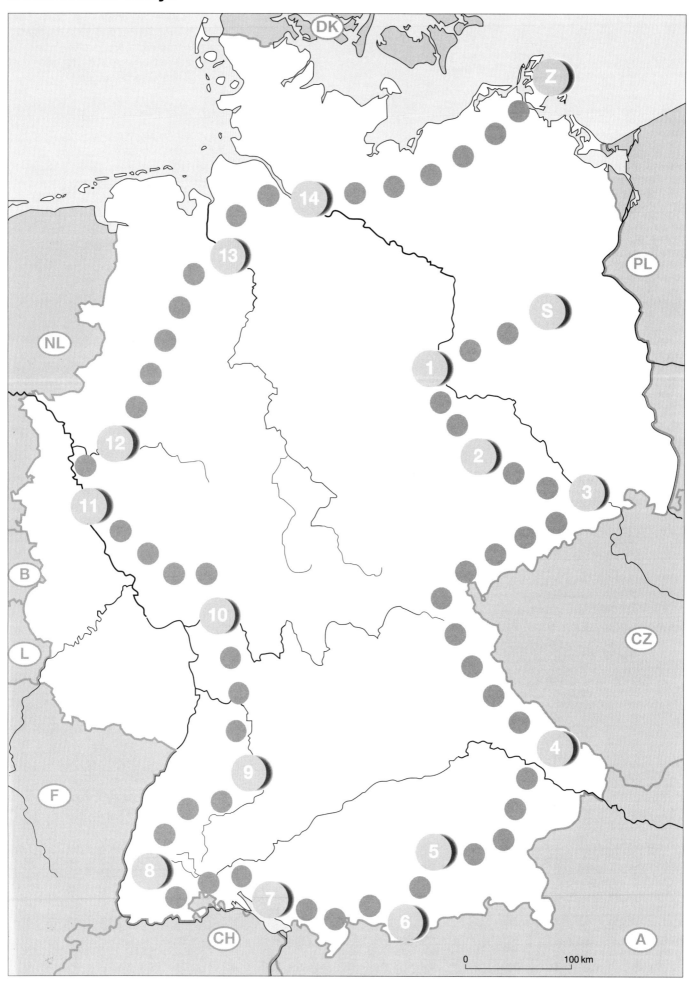

Spielanleitung

Ihr benötigt einen Würfel und je Spieler eine Figur. Zwei bis vier Personen können teilnehmen.
Es beginnt der Spieler, der die höchste Augenzahl würfelt. Er setzt seine Figur auf das Startfeld **S**. Du darfst entsprechend der gewürfelten Augenzahl vorrücken. Wenn du auf ein numeriertes Feld kommst, kannst du Glück oder Pech haben. Das hängt von der dortigen Rallye-Sonderprüfung ab.
Und nun viel Spaß!

S	Berlin	Deine Reise kann erst beginnen, wenn du eine „6" gewürfelt hast.
1	Magdeburg	Beim Spaziergang an der Elbe schaust du zu lange den Schiffen zu. Gehe eine Feld zurück.
2	Leipzig	Beim Rundgang über die „Leipziger Messe" hast du Zeit verloren. Du darfst noch einmal würfeln, um Anschluß zu halten.
3	Dresden	Die Besichtigung des Zwingers und die Stadtrundfahrt haben dich ermüdet. Einmal aussetzen.
4	Bayerischer Wald	Du legst ein paar Urlaubstage ein. Erst wenn du eine „3" würfelst, kannst du deine Reise fortsetzen.
5	München	Wegen eines Fußballspiels im Olympiastadion gerätst du in einen Verkehrsstau. 2 × aussetzen.
6	Zugspitze	Vom höchsten Berg Deutschlands siehst du weit in das Alpenvorland hinein. Rücke 2 Felder vor, denn so weit reicht dein Blick.
7	Bodensee	Du nutzt das herrliche Wetter zum Surfen. Nur bei einer „1" geht deine Reise weiter.
8	Freiburg	Du machst einen Ausflug zu den Weinbergen im Kaiserstuhl. Weil es dir dort gut gefällt, bleibst du länger als gewollt. 1 × aussetzen.
9	Stuttgart	Vom Fernsehturm (217 m hoch) aus genießt du den Blick auf das Neckartal. Weil du dich beeilt hast, darfst du 2 Felder vorrücken.
10	Frankfurt /*Main*	Am Flughafen machst du einen Rundflug. Vor der Landung muß der Pilot eine Warteschleife fliegen, um zuerst eine Maschine der Lufthansa landen zu lassen. 1 × aussetzen.
11	Köln	Du besichtigst den Dom und kletterst die 509 Stufen im Turm hinauf. Um dich auszuruhen, setzt du 2 × aus.
12	Ruhrgebiet	Auf der Zeche „Monopol" fährst du in den tiefsten Schacht des Ruhrbergbaus ein. Um die dabei verlorene Zeit aufzuholen, darfst du 2 × würfeln.
13	Bremen	Beim Konzert mit den „Bremer Stadtmusikanten" fordern die Zuhörer eine Zugabe. Du setzt 1 × aus.
14	Hamburg	Du nimmst an einer Hafenrundfahrt teil. Der Kapitän muß erst die auslaufenden Schiffe passieren lassen. Du setzt 1 × aus.
Z	Rügen	Deine Reise ist zu Ende. Du kannst deinen Badeurlaub an der Ostsee beginnen.

Prüfe dein Wissen: Deutschland

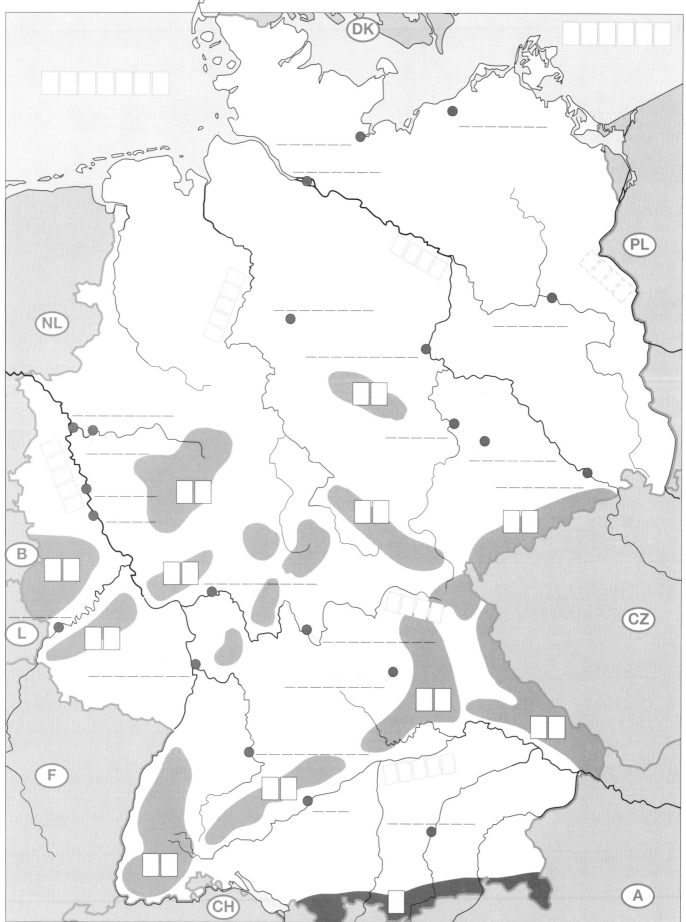

Trage in die Karte ein: N o r d s e e, O s t s e e, R h e i n, W e s e r, E l b e, O d e r, M a i n, D o n a u.
Trage für die Alpen und für die Mittelgebirge folgende Buchstaben ein: A = Alpen, B W = Bayerischer Wald, E Z = Erzgebirge,
E I = Eifel, H A = Harz, H U = Hunsrück, S W = Schwarzwald, T W = Thüringer Wald. Nimm für folgende Mittelgebirge den Atlas
zu Hilfe: F A = Fränkische Alb, S A = Schwäbische Alb, T A = Taunus, R G = Rothaargebirge.

Städte Deutschlands von „a" bis „z"

1 = Stadt an der Saale; **2** = Größter Seehafen Deutschlands; **3** = Landeshauptstadt von Bayern; **4** = Stadt an der Südelbe; **5** = Größte Stadt im Ruhrgebiet; **6** = Stadt mit dem größten Flughafen Deutschlands; **7** = Landeshauptstadt am Neckar; **8** = Stadt am Zusammenfluß von Neckar und Rhein; **9** = 2000 Jahre alte Römerstadt an der Mosel; **10** = Hansestadt an der Ostsee; **11** = Bundeshauptstadt; **12** = Stadt an der Donau mit dem höchsten Kirchturm der Welt; **13** = Größte Stadt am Rhein, bekannt durch ihren Dom; **14** = Sitz der Bundesregierung; **15** = Messestadt in Sachsen; **16** = Lebkuchenstadt westlich der Fränkischen Alb; **17** = Stadt am Rhein mit dem größten Binnenhafen der Welt; **18** = Seehafen an der Ostsee; **19** = Stadt an der Elbe, die einer Börde ihren Namen gab; **20** = Weltbekannte Messestadt und Landeshauptstadt; **21** = Stadt am Main in Mittelfranken.

Trage nun die Städte in die Karte Seite 16 ein.

Trage die Autokennzeichen in die Karte ein.

Bundesland	Autokennzeichen der Landesregierung	Landeshauptstadt
Baden-Württemberg	B W L	
Bayern	B Y L	
Brandenburg	B B L	
Bremen	H B	H B
Hamburg	H H	H H
Hessen	H E L	
Mecklenburg-Vorpommern	M V L	
Niedersachsen	N L	
Nordrhein-Westfalen	R W L	
Rheinland-Pfalz	R P L	
Saarland	S A L	
Sachsen	S N L	
Sachsen-Anhalt	L S A	
Schleswig-Holstein	S H L	
Thüringen	T H L	

Das Lösungswort nennt das fehlende Land:

Europa im Überblick

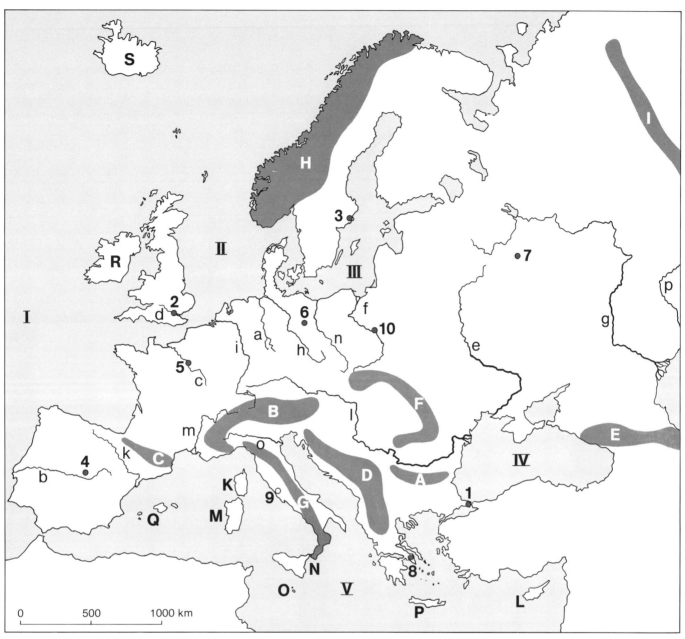

Nimm den Atlas zu Hilfe und trage die gesuchten Namen ein.

Ozeane und Meere

I = _ _ _ [1] _ _ _ _ _ _ _ _ _ _ _ _ _ _ _   II = _ [2] _ _ _ _ _

III = _ _ [3] _ _ _   IV = _ _ _ _ _ _ _ [4] _ _ _ _

V = _ _ _ _ [5] _ _ _ _ _   Lösungswort (Beruf aus der Schiffahrt): [1] [2] [3] [4] [5]

Gebirge (Kaukasus und Ural sind Grenzgebirge zu Asien)

A = [1] _ _ _ _ _   B = _ _ _ [2] _ _   C = _ _ _ [3] _ ä e

D = D _ _ _ _ _ _ _ _   G _ _ _ [4] _   E = _ _ _ _ _ _ _ [5] _

F = _ _ _ _ _ [6] _ _   G = _ _ _ [7] _ _

H = S k _ _ _ _ _ [8] _ _ _ _ _ _ _   G _ _ _ _ [9][10] _   I = _ _ [11] _ _

Lösungswort (anderes Wort für Gipfelstürmer): [1] [2] [3] [4] [5] [6] [7] [8] [9] [10] [11]

18

Inseln

K = __ __ [1] __ __ [2] __ __

L = __ __ __ __ __ [3]

M = __ __ [4] __ __ __ __ __

N = [5] __ __ __ __ __ __ __

O = __ __ __ [6] __

P = __ [7] __ __ __

Q = __ [8] __ __ __ __ __ __

R = __ __ __ [9] __

S = __ __ __ __ [10]

Lösungswort (Badeurlauber halten sich dort am liebsten auf):

[1] [2] [3] [4] [5] [6] [7] [8] [9] [10]

Flüsse

a = [1] __ __ __ __

b = __ [2] __ __

c = [3] __ __ __ __

d = __ __ __ [4] __

e = __ n j __ [5] __ [6]

f = [7] __ __ __ __ __ [8] __

g = __ __ [9] __ __

h = __ __ __ [10]

i = __ __ __ [11] [12]

k = [13] __ __

l = __ __ __ __ [14]

m = [15] __ __ __

n = [16] __ __

o = [17] __

p = __ __ [18] __

Lösungswort (Wege, die nicht über Land führen):

[1] [2] [3] [4] [5] [6] [7] [8] [9] [10] [11] [12] [13] [14] [15] [16] [17] [18]

Städte

1 = __ [1] [2] [3] __ __ __

2 = __ __ __ [4] __ __

3 = __ [5] __ __ __ __ __ __

4 = __ __ [6] __ [7] __ __

5 = __ __ [8] __ __

6 = __ [9] __ __ __

7 = __ __ __ [10] __ __

8 = __ [11] __ __

9 = __ [12] __

10 = __ __ [13] __ __

Lösungswort (wichtiger Beruf in der Stadtverwaltung):

[1] [2] [3] [4] [5] [6] [7] [8] [9] [10] [11] [12] [13]

Flüsse und Meere

Fluß in Spanien, der ins Mittelmeer mündet = __ __ __ [1]

Fluß zum Schwarzen Meer, der durch viele Staaten Europas fließt = [2] __ __ __ __

Fluß, der in den Alpen entspringt und in die Nordsee mündet = __ __ [3] __ __

russischer Fluß, der ins Schwarze Meer mündet = __ __ __ __ [4]

Lösungswort (Fluß, der in die Ostsee mündet):

[1] [2] [3] [4]

Mitteleuropa

1. Trage die Namen der Staaten und der Flüsse in die Karte ein.
2. Trage die Hauptstädte in die Tabelle ein und schreibe die ersten beiden Buchstaben der Hauptstädte in die Karte.
   Zwei Hauptstädte kannst du nicht eintragen.

(L) Luxemburg: _ _ _ _ _ _ _ g

(A) Österreich: _ _ e _ _

(NL) Niederlande: _ _ s _ _ _

(H) Ungarn: _ _ _ _ p _ _

(CH) Schweiz: _ _ _ n

(B) Belgien: _ _ _ ü _ _ _ _

(D) Deutschland: _ _ _ _ _ i _

(PL) Polen: _ _ _ r _ _ _ _

20

Slowakei: **SK**   P ⁹ _ _ _ _ _ _ _

Dänemark: **DK**   _ _ ¹⁰ p _ _ _ _ _ _ _

Frankreich: **F**   ¹¹ _ _ _ i _

Tschechische Republik: **CZ**   _ _ ¹² g

Lösungswort:
(Begriff für den in der Karte dargestellten Teil Europas):

| 1 | 2 | 3 | 4 | 5 | 6 | 7 | 8 | 9 | 10 | 11 | 12 |

3. Deutschland ist in jeder Himmelsrichtung von Nachbarstaaten umgeben. Trage die Autokennzeichen der Nachbarstaaten in die Abbildung ein.
(Mittelpunkt ist Frankfurt/Main)

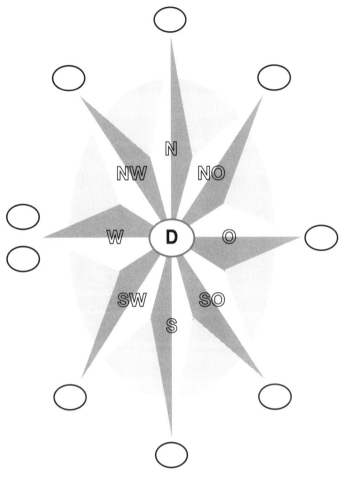

4. Welche Staaten durchquerst du, wenn du durch Mitteleuropa fährst?

von	durch		nach
Frankreich	◯		**DK**
der Schweiz	◯ und ◯		**PL**
Dänemark	◯		**A**
Polen	◯		**NL**
der Tschechischen Republik	◯		**F**
Österreich	◯		**NL**
Belgien	◯ und ◯		**H**

Welchen Staat mußt du immer durchqueren?   ◯

Entfernungen in Europa

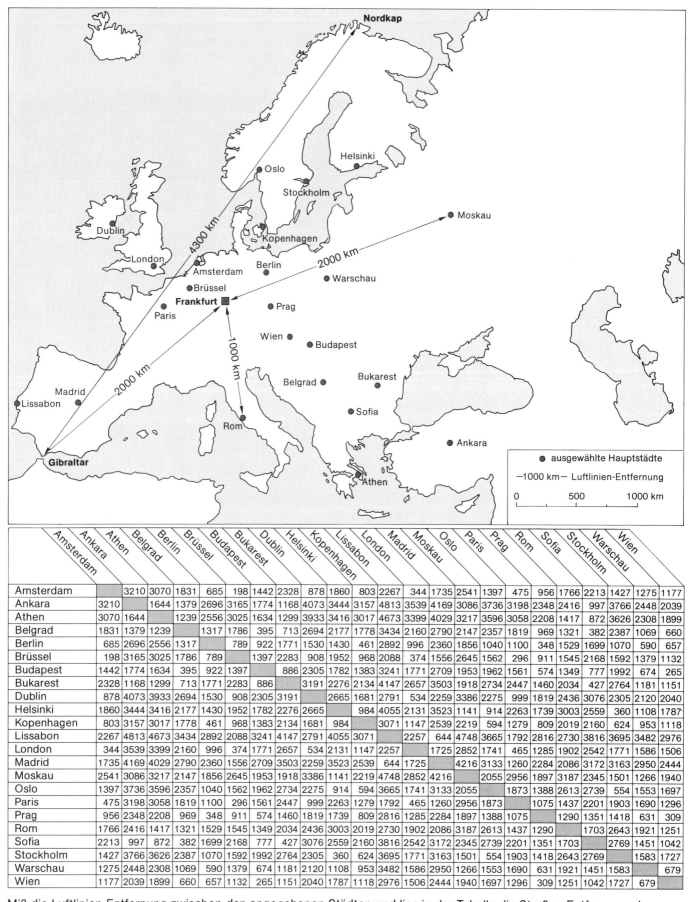

	Amsterdam	Ankara	Athen	Belgrad	Berlin	Brüssel	Budapest	Bukarest	Dublin	Helsinki	Kopenhagen	Lissabon	London	Madrid	Moskau	Oslo	Paris	Prag	Rom	Sofia	Stockholm	Warschau	Wien
Amsterdam		3210	3070	1831	685	198	1442	2328	878	1860	803	2267	344	1735	2541	1397	475	956	1766	2213	1427	1275	1177
Ankara	3210		1644	1379	2696	3165	1774	1168	4073	3444	3157	4813	3539	4169	3086	3736	3198	2348	2416	997	3766	2448	2039
Athen	3070	1644		1239	2556	3025	1634	1299	3933	3416	3017	4673	3399	4029	3217	3596	3058	2208	1417	872	3626	2308	1899
Belgrad	1831	1379	1239		1317	1786	395	713	2694	2177	1778	3434	2160	2790	2147	2357	1819	969	1321	382	2387	1069	660
Berlin	685	2696	2556	1317		789	922	1771	1530	1430	461	2892	996	2360	1856	1040	1100	348	1529	1699	1070	590	657
Brüssel	198	3165	3025	1786	789		1397	2283	908	1952	968	2088	374	1556	2645	1562	296	911	1545	2168	1592	1379	1132
Budapest	1442	1774	1634	395	922	1397		886	2305	1782	1383	3241	1771	2709	1953	1962	1561	574	1349	777	1992	674	265
Bukarest	2328	1168	1299	713	1771	2283	886		3191	2276	2134	4147	2657	3503	1918	2734	2447	1460	2034	427	2764	1181	1151
Dublin	878	4073	3933	2694	1530	908	2305	3191		2665	1681	2791	534	2259	3386	2275	999	1819	2436	3076	2305	2120	2040
Helsinki	1860	3444	3416	2177	1430	1952	1782	2276	2665		984	4055	2131	3523	1141	914	2263	1739	3003	2559	360	1108	1787
Kopenhagen	803	3157	3017	1778	461	968	1383	2134	1681	984		3071	1147	2539	2219	594	1279	809	2019	2160	624	953	1118
Lissabon	2267	4813	4673	3434	2892	2088	3241	4147	2791	4055	3071		2257	644	4748	3665	1792	2816	2730	3816	3695	3482	2976
London	344	3539	3399	2160	996	374	1771	2657	534	2131	1147	2257		1725	2852	1741	465	1285	1902	2542	1771	1586	1506
Madrid	1735	4169	4029	2790	2360	1556	2709	3503	2259	3523	2539	644	1725		4216	3133	1260	2284	2086	3172	3163	2950	2444
Moskau	2541	3086	3217	2147	1856	2645	1953	1918	3386	1141	2219	4748	2852	4216		2055	2956	1897	3187	2345	1501	1266	1940
Oslo	1397	3736	3596	2357	1040	1562	1962	2734	2275	914	594	3665	1741	3133	2055		1873	1388	2613	2739	554	1553	1697
Paris	475	3198	3058	1819	1100	296	1561	2447	999	2263	1279	1792	465	1260	2956	1873		1075	1437	2201	1903	1690	1296
Prag	956	2348	2208	969	348	911	574	1460	1819	1739	809	2816	1285	2284	1897	1388	1075		1290	1351	1418	631	309
Rom	1766	2416	1417	1321	1529	1545	1349	2034	2436	3003	2019	2730	1902	2086	3187	2613	1437	1290		1703	2643	1921	1251
Sofia	2213	997	872	382	1699	2168	777	427	3076	2559	2160	3816	2542	3172	2345	2739	2201	1351	1703		2769	1451	1042
Stockholm	1427	3766	3626	2387	1070	1592	1992	2764	2305	360	624	3695	1771	3163	1501	554	1903	1418	2643	2769		1583	1727
Warschau	1275	2448	2308	1069	590	1379	674	1181	2120	1108	953	3482	1586	2950	1266	1553	1690	631	1921	1451	1583		679
Wien	1177	2039	1899	660	657	1132	265	1151	2040	1787	1118	2976	1506	2444	1940	1697	1296	309	1251	1042	1727	679	

Miß die Luftlinien-Entfernung zwischen den angegebenen Städten und lies in der Tabelle die Straßen-Entfernung ab.

London – Athen		Paris – Wien		Lissabon – Moskau	
Luftlinie:	Straße:	Luftlinie:	Straße:	Luftlinie:	Straße:
.... km	.... km	.... km	.... km	.... km	.... km

Teilräume Europas

1. Welche Namen passen zu den einzelnen Umrissen? Verbinde den Länderumriß mit dem entsprechenden Namen. Nimm die Europakarte im Atlas zu Hilfe.

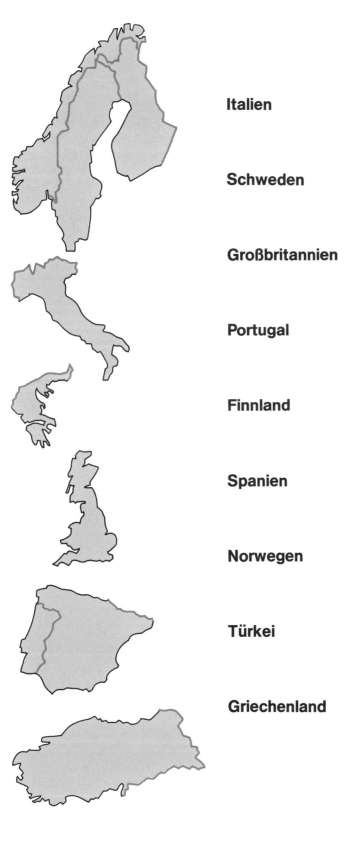

Italien

Schweden

Großbritannien

Portugal

Finnland

Spanien

Norwegen

Türkei

Griechenland

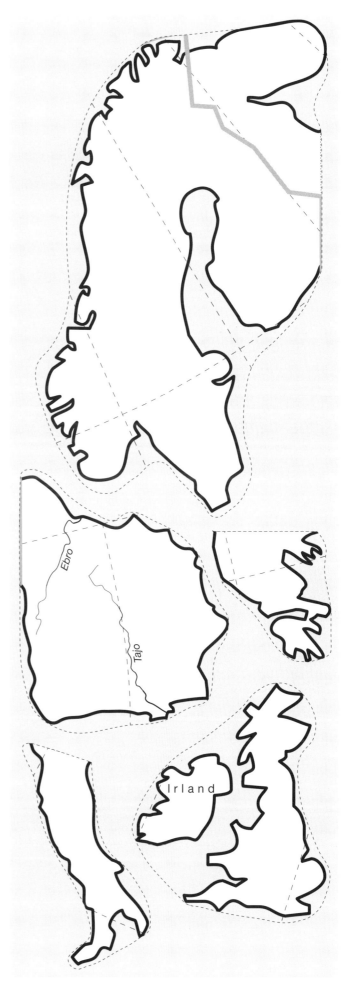

2. Lege ein Blatt Papier über die Umrißzeichnungen in der rechten Spalte und zeichne nach.
Schneide die nachgezeichneten Umrisse aus und vervollständige damit die Karte auf den Seiten 24 und 25.

23

Europa-Puzzle

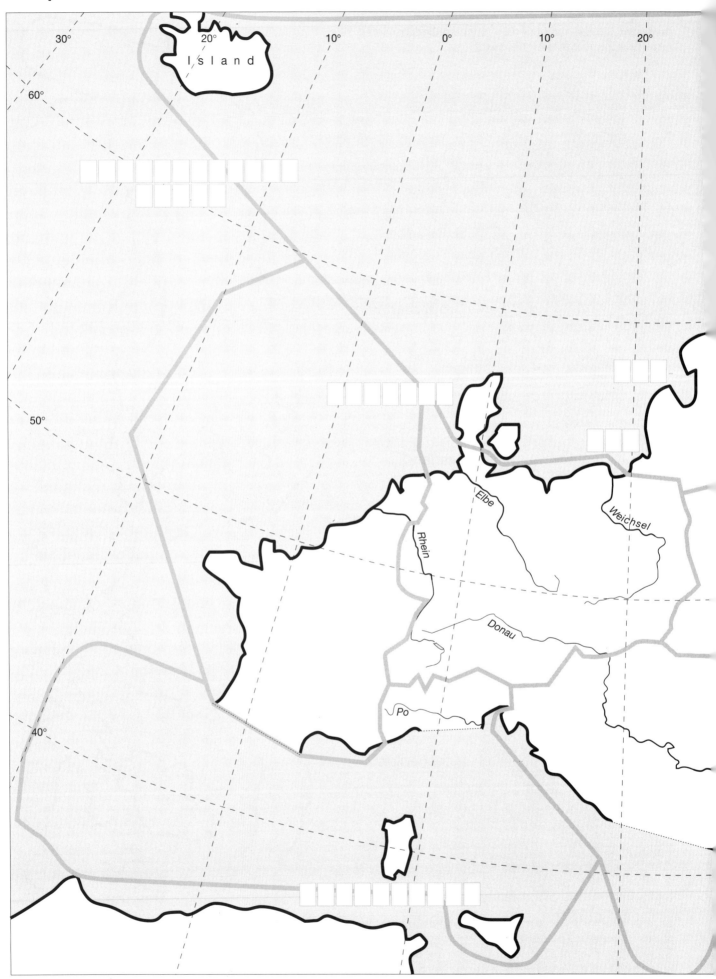

Island

30°   20°   10°   0°   10°   20°

60°

50°

40°

Elbe

Rhein

Weichsel

Donau

Po

1. Trage folgende Namen in die fertig geklebte Karte ein:
Nordsee, Ostsee, Mittelmeer,
Schwarzes Meer, Atlantischer Ozean.

2. Färbe alle Meere hellblau ein. Kennzeichne dann die Teile
Europas in ihren Landflächen mit verschiedenen Farben.
Benutze dazu die Staatenkarte von Europa im Atlas.

Nordeuropa (braun): Dänemark, Schweden, Nor-
wegen, Island, Finnland, Estland, Lettland
und Litauen.

Westeuropa (grün): Großbritannien, Irland,
Niederlande, Frankreich, Belgien und
Luxemburg.

Südeuropa (gelb): Spanien, Portugal und
Italien mit den Inseln Sizilien und Sardinien.

Osteuropa (hellrot): der europäische Teil Rußlands,
der noch über den östlichen Kartenrand hinaus bis zum
Ural reicht, Weißrußland, Ukraine und Moldau.

Südosteuropa (dunkelrot): Slowenien, Kroatien,
Bosnien-Herzegowina, Jugoslawien, Make-
donien, Rumänien, Bulgarien, Ungarn,
Albanien, Griechenland und die europäische
Türkei bis zum Bosporus.

Mitteleuropa (weiß lassen): Deutschland, Öster-
reich, Schweiz, Polen, Slowakei und
Tschechische Republik.

3. Der größte Teil der Türkei liegt in Asien. Gib dieser
Fläche eine eigene Farbe.

☐ **Nordeuropa**

☐ **Westeuropa**

☐ **Südeuropa**

☐ **Osteuropa**

☐ **Südosteuropa**

☐ **Mitteleuropa**

☐ **Türkei**

Grenze der Teilräume von Europa

Europa: höchste Berge – längste Flüsse

Flüsse, länger als die Elbe

Fluß	Länge (km)	entspringt in:	mündet in:
Wolga	3685	Rußland	Kaspisches Meer
Donau	2858	Deutschland	Schwarzes Meer
Dnjepr	2285	Rußland	Schwarzes Meer
Kama	2032	Rußland	Wolga
Don	1970	Rußland	Asowsches Meer
Petschora	1809	Rußland	Barentssee (Nordpolarmeer)
Oka	1480	Rußland	Wolga
Belaja	1420	Rußland	Kama
Dnjestr	1411	Ukraine	Schwarzes Meer
Dwina (mit Suchona)	1326	Rußland	Weißes Meer
Rhein	1320	Schweiz	Nordsee
Wjatka	1314	Rußland	Kama
Elbe	**1165**	**Tschechische Republik**	**Nordsee**

Berge, höher als die Zugspitze

Berg	Gebirge	Höhe ü. NN (m)	liegt in:
Montblanc	Alpen	4807	Frankreich
Dom	Alpen	4545	Schweiz
Matterhorn	Alpen	4478	Schweiz
Gran Paradiso	Alpen	4061	Italien
Piz Bernina	Alpen	4049	Schweiz
Ortler	Alpen	3899	Italien
Monte Viso	Alpen	3841	Italien
Großglockner	Alpen	3797	Österreich
Mulhacén	Sierra Nevada	3481	Spanien
Pico de Aneto	Pyrenäen	3404	Spanien
Zugspitze	**Alpen**	**2963**	**Deutschland**

Zur Lösung des Kreuzworträtsels benötigst du nur die beiden Tabellen.

1 = Meer, in das ein 1320 km langer Fluß fließt, der in der Schweiz entspringt

2 = höchster Berg in Deutschland

3 = Fluß, der in der Tschechischen Republik entspringt und in die Nordsee mündet

4 = 4478 m hoher Alpengipfel

5 = Anzahl der Flüsse, die länger als die Elbe sind und in das Schwarze Meer münden

6 = höchster Berg Europas

7 = der Staat mit den meisten langen Flüssen

8 = Das Gebirge mit den meisten hohen Bergen

9 = 3841 m hoher Berg in Italien

10 = längster Fluß Europas

11 = Berg in der Schweiz, dessen Name an eine Kirche erinnert

12 = drittlängster Fluß im europäischen Teil Rußlands

Lösungswort: Name eines Gebirges in Spanien

Prüfe dein Wissen: Europa

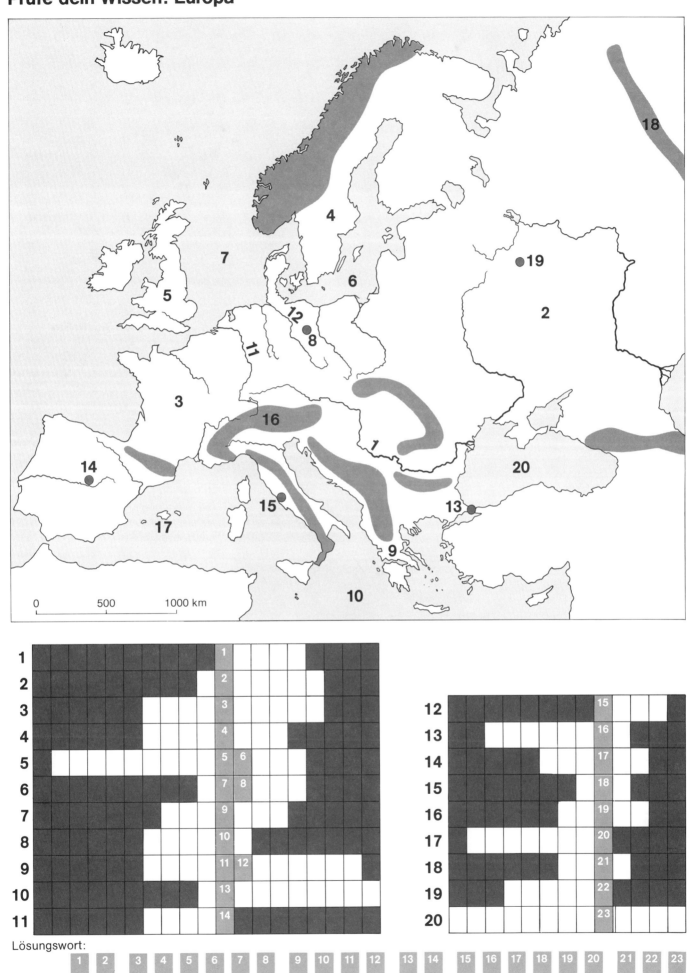

Lösungswort:

| 1 | 2 | 3 | 4 | 5 | 6 | 7 | 8 | 9 | 10 | 11 | 12 | 13 | 14 | 15 | 16 | 17 | 18 | 19 | 20 | 21 | 22 | 23 |

Welt im Überblick

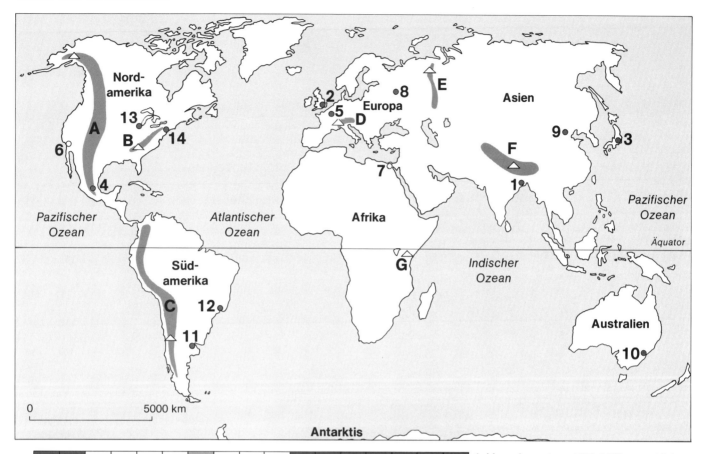

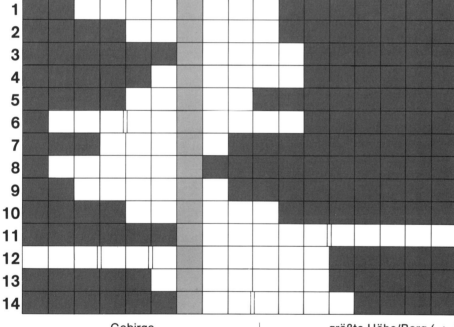

1. Von den etwa 200 Millionenstädten der Erde sind in der Weltkarte einige dargestellt. Schreibe ihre Namen in die Kästchen; nimm einen Altas zur Hilfe. Das graue Feld ergibt, von oben nach unten gelesen, das Lösungswort.

2. Die Karte zeigt einige Gebirge und ihre höchsten Erhebungen.
Fülle die Tabelle aus.

	Gebirge	größte Höhe/Berg (△)	Kontinent
A			
B			
C			
D			
E			
F			
G		K	

Teilräume der Erde

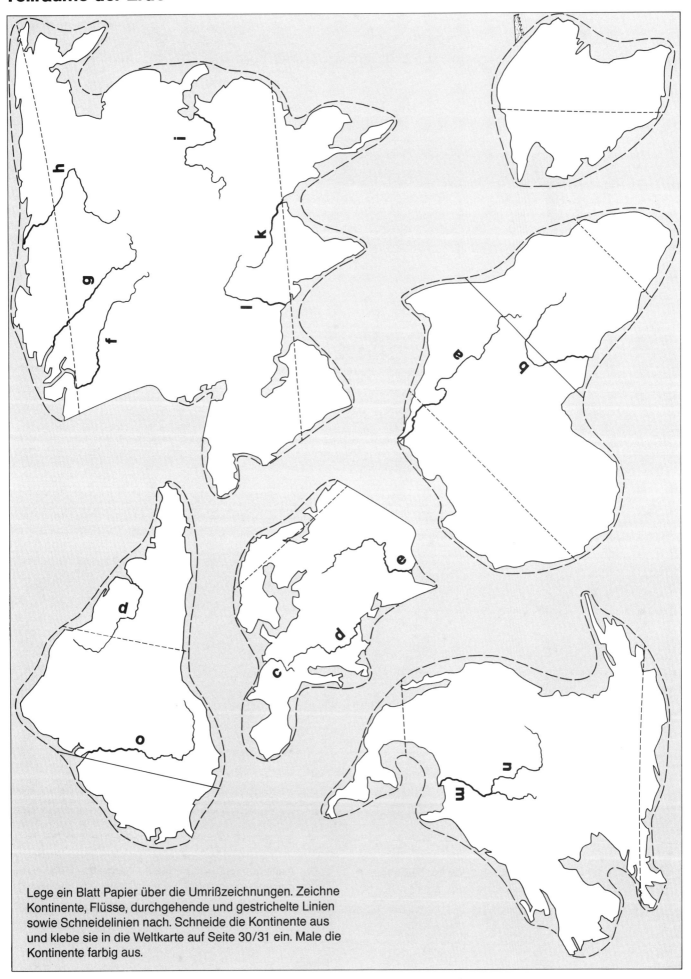

Lege ein Blatt Papier über die Umrißzeichnungen. Zeichne
Kontinente, Flüsse, durchgehende und gestrichelte Linien
sowie Schneidelinien nach. Schneide die Kontinente aus
und klebe sie in die Weltkarte auf Seite 30/31 ein. Male die
Kontinente farbig aus.

Welt-Puzzle

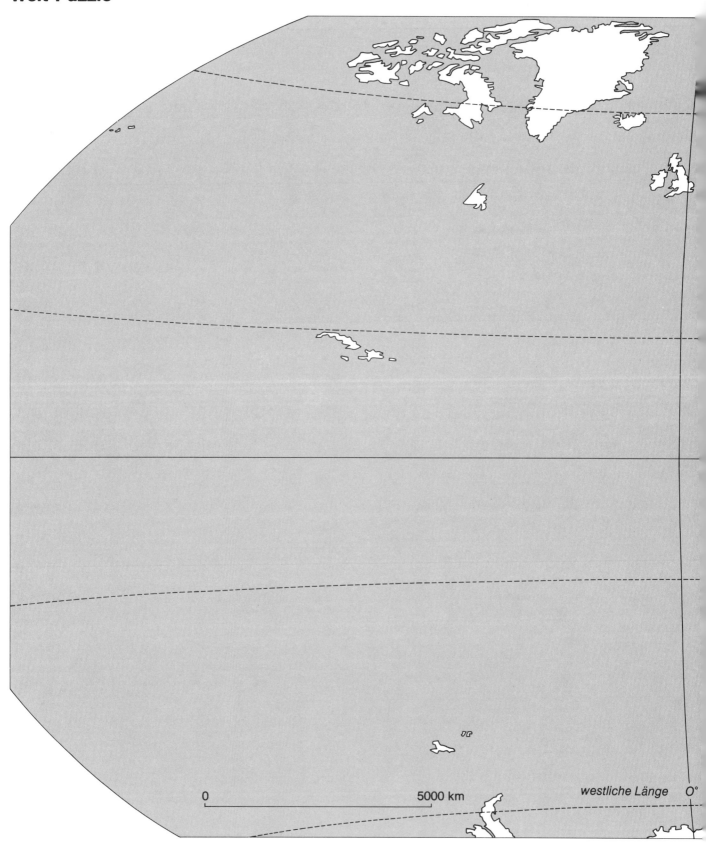

5000 km

westliche Länge 0°

1. Nimm den Atlas zu Hilfe und trage in die Weltkarte ein:

Nordamerika / Südamerika / Europa / Asien /
Afrika / Australien / Antarktis / Atlantischer
Ozean / Pazifischer Ozean / Indischer
Ozean / Äquator / Nördlicher Polarkreis /
Nördlicher Wendekreis / Südlicher Wende-
kreis / Südlicher Polarkreis

2. Die Weltkarte zeigt einige große Flüsse. Trage ihre Namen nachfolgend ein.

Afrika: **a** = __ __ i __ __   **b** = __ __ __ __ g __ __

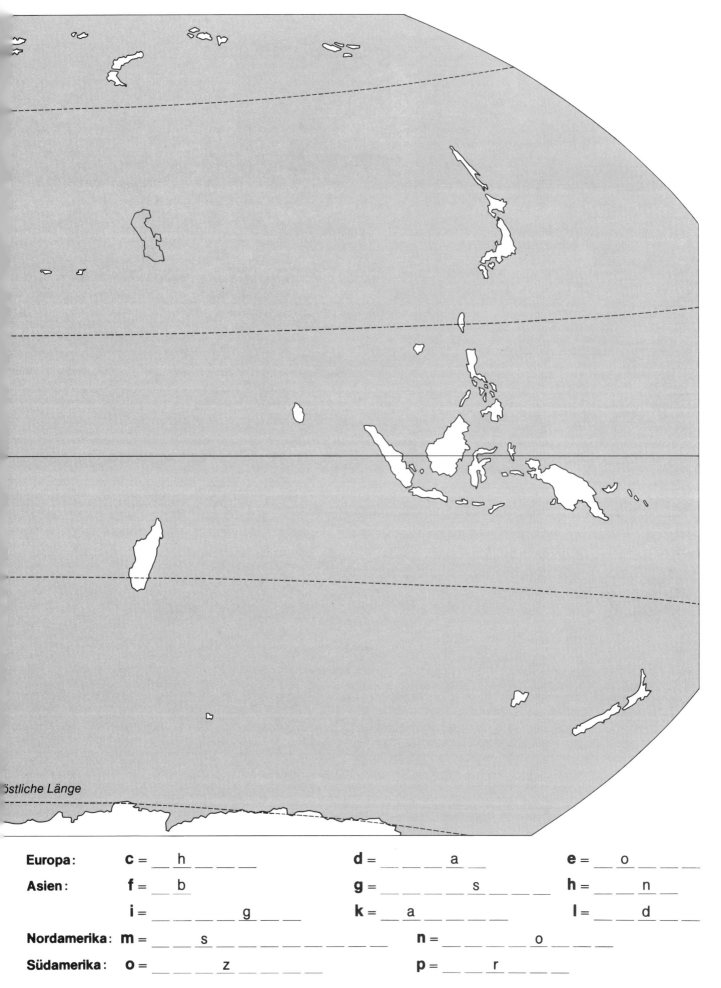

östliche Länge

Europa:	**c** = __ h __ __ __	**d** = __ __ __ a __	**e** = __ o __ __ __
Asien:	**f** = __ b __	**g** = __ __ __ __ __ s __ __	**h** = __ __ n __
	i = __ __ __ __ g __ __	**k** = __ a __ __ __ __	**l** = __ __ d __ __
Nordamerika:	**m** = __ __ s __ __ __ __ __	**n** = __ __ __ __ __ o __ __	
Südamerika:	**o** = __ __ z __ __ __ __	**p** = __ __ r __ __ __	

Rekorde der Erde

Bestimme die Lösungswörter. Nimm die Weltkarte zur Hilfe.

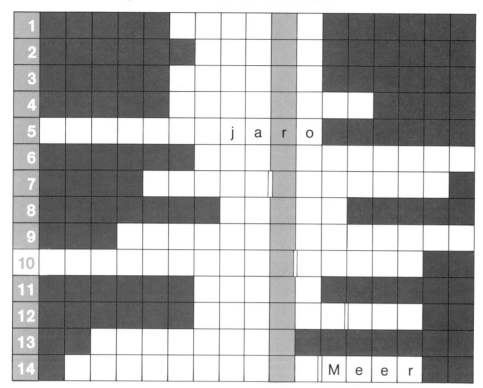

1 = größte Wüste der Erde (Afrika)

2 = größter Kontinent der Erde

3 = Kontinent mit dem längsten Fluß der Erde (Nil, 6671 km)

4 = wasserreichster Fluß der Erde (Südamerika)

5 = höchster Berg Afrikas (5895 m)

6 = drittgrößter Kontinent

7 = höchster Berg der Erde (Himalaya, 8848 m)

8 = längstes Gebirge der Erde (Südamerika)

9 = tiefster Meeresgraben (Pazifischer Ozean, 11 022 m)

10 = größter Ozean der Erde

11 = Gebirge mit dem höchsten Berg Europas (Montblanc, 4807 m)

12 = größter See Nordamerikas

13 = größte Insel der Erde

14 = größter See der Erde (Asien)

Benutze für die folgenden Aufgaben den Atlas. Die Lösungsbuchstaben ergeben die Namen von drei Flüssen in Europa.

1. größter Staat Südamerikas ➡ _ _ s _ _ _ _ _

2. Die Wolga, der längste Fluß Europas (3688 km), mündet in diesen See ➡ _ _ _ p _ _ _ _ _ _ _ _ _

3. Die größte Stadt der USA liegt an der Ostküste des Kontinents Nordamerika ➡ _ _ _ _ o _ _ _

4. ein eisbedeckter Kontinent ➡ _ _ t _ _ _ _ _ _ _

5. Der Amazonas, der wasserreichste Fluß der Erde, mündet in diesen Ozean ➡ _ _ _ _ _ _ i _ _ _ _ _ _ _ _ _

6. kleinster der sieben Kontinente ➡ _ _ _ _ _ _ _ a _ _ _ _

7. Der Mississippi, der längste Fluß Nordamerikas (6418 km), mündet in diesen Meeresteil ➡ _ _ f _ _ _

8. Der tiefste Binnensee der Erde (1620 m) liegt in der Nähe der russischen Stadt Irkutsk ➡ _ _ k _ _ _ _ _

9. Der Nil, der längste Fluß der Erde (6671 km), mündet in dieses Meer ➡ _ _ t _ _ _ _ _ _ _ _

10. kleinster der drei Ozeane ➡ _ _ _ _ _ h _ _ _ _ _ _

11. In Japan liegt eine der größten Städte der Erde (über 8 Mio Einwohner) ➡ _ _ y _ _

12. größter Staat der Erde (auf 2 Erdteilen gelegen) ➡ _ _ ß _ _ _ _

13. höchster Vulkan der Erde (Anden, 5896 m) ➡ _ _ _ _ _ x _

14. größte Stadt Rußlands ➡ _ _ _ k _ _

Lösungswörter :

32